米勒 诗酷

Millor's Cool Poetry

雷海辰 著

宋德利教授 点评

易文出版社

Millor's Cool Poetry
Haichen Millor Lei

Published by I Wing Press, New York
iwingpress@gmail.com

March 2024, First Edition, First Printing
ISBN: 978-1-940742-98-4

米勒 诗酷

作者： 雷海辰

点评： 宋德利教授

出 版 人：冰　寒
封面书法：雷　人
装帧设计：王昌华

出　　版： 易文出版社·纽约
版　　次： 2024 年 3 月第一版，第一次印刷
字　　数： 15 千字
定　　价： $19.95

Copyright © 2024 by Haichen Millor Lei, All rights reserved. No part of this book may be reproduced in any form or by any electronic or mechanical means including information storage and retrieval systems, without permission in writing from the publisher. The only exception is by a reviewer, who may quote short excerpts in review.

作品内容受国际知识产权公约保护，版权所有，侵权必究

雷海辰 Haichen Millor Lei

2004 年生于天津滨海,现在就读美国华盛顿大学。

加拿大皇家音乐钢琴演奏业余 10 级中国网络作协会员;美国诗人学会会员(poets.org)。

获奖:中国网络作家协会 2020 年度诗歌特别奖

序一

叩问和思辨的诗意

严 力

雷海辰 2004 年出生在中国天津，也就是我们常说的 00 后的那代人，他在十岁之后不久去加拿大留学，这就点出了他会因移民生活的各种冲撞而在内心诱发出反复的叩问和思辨，他说"二者彼此剧烈地碰撞，迸发出火花，火花冷却了落在地上便是诗的轨迹"。作为 00 后，他在语言上有更多指向未来的词语，比如："机器人吻我的瞬间，我将变为机器人的机器！程序感冒，我打喷嚏……"。

我认为能把情感起伏与思维过程转化为诗意表现的海辰是敏感的，也是有天赋的。所以希望他越来越习惯于用反省建造自己的修养，然后落实在可以与他人分享的诗句里。

预祝海辰在其二十岁之际首次出版的诗集能为大家带来阅读的享受！

2024.02.24 于纽约

序二

"00后"的诗性预言

宋德利[①]

雷海辰这位"00后"诗人的诗充满了新语素,新意境,新的修辞风格,宏大超凡的想象空间和深刻的哲理,每首诗都散发着一种"春来发几枝"的馨香。"对过去的思索/和对未来的叩问"是他诗意的主题;"机器人吻我的瞬间/我将变为机器人的机器"是"00后"诗人对人类未来的诗性预言!

从与老父亲"半个半世纪的"代沟,到他们新生代与未来智能人的共存想象,思辨与叩问,贯穿其间。"问老爸"看似简单幼稚的发问,细思却又有着老辣的深刻。从日常学习生活中的极普通素材"作业本""校车""马扎"到震撼世界的"大爆炸"再到"月亮的背面""太阳黑洞里的一缕光芒"从微观到宏观,能屈能伸,想象力之恢弘,展现了这新一代诗人面向宇宙的胸怀。其想象力已经远非"飞流直下三千尺"可比肩的了。"灰之恢恢,有和无,光和黑之间,一道绚丽永恒的主宰。"这是在给宇宙万物下了一个宏大的哲学定义。

海辰的修辞也别具一格:"夜得深,暗得黑,嘶得鸣",这种"得"字格新用,可以说是修辞的一种突破,任何一个诗人读到这儿,都会驻足不前,需要用力想象一番,如何"夜得深"?何以"嘶得鸣"?这需要另一种我们不曾习惯的想象力。各种新的语素、新的意象使他的抒情别有一番"00后"特有的新意境。

2021.07.25 于纽约

----

①宋德利教授(1944—)男,天津武清人。美籍华人。诗人、双语翻译家、作家、译审。南开大学外文系毕业。南开大学、天津外院客座教授。纽约美国中文电视新闻编辑。东西方艺术家协会名誉主席。中国翻译工作者协会会员。天津作家协会会员。北美中文作家协会会员。翻译出版各类书籍 40 多种:《诗经选译》《楚辞选译》《乐府选译》《伦敦风景》《道德情操论》《达摩克利斯的暗室》《爱之荒漠》《野性》《新欢梦》《神奇的人性》《迷途之鸟》等。

汉译英代表作:《聊斋志异》《西游记》《论语》等。曾获:东西方艺术家协会翻译终身成就奖;中华老子研究会中外文化交流终身成就奖;南开大学百年校庆校友贡献奖;南开大学外语学院先进校友奖。

有诗有感

诗，三维之外的折磨

雷海辰

海辰诗铭：

> 在诗的折磨里
> 折磨出一个诗的世界

诗意是不经意间的事，就像屏幕上幽来荡去的光标。没有路标可循，唯有看不见的轨迹。从记事起总有这样的感觉，一股莫名之意突然袭来，感到某种对念头和感观的双重刺激，那也许是一种诗控，就像食指和中指对鼠标左右键的控制欲。这诗控的幻觉催生了诗的灵感。

那些想痛哭，想偷笑，想大战"魔兽帝国"，想仰天长叹的感觉便开始虚幻起来。课堂课后语言障碍导致的孤立落寞，一下子催生了泪水，泪水的流淌便演绎成诗行。当我11岁考完钢琴十级正放松高兴的夜晚，大爆炸像噩梦一样降临，在我幼小的心灵结成疙瘩，从五年级直到上高中，晚上都伴着噩梦，那漫天的火光，那惊恐的逃生，那种恐惧无法排解，这终于在某个夜晚变成了一首诗，诗成了我梦的复制件和冷藏品，诗帮我释放了恐惧。听老爸讲老故事，遇上黄色的校车，离我《上下五千年》的杀气腾腾的历史，物理化学的未解之谜，俯视大洋，仰望云顶雪山，那些画面的后面，都有一个问号，有一双诗眼，瞪着我，刺激我去揭开那个谜底。诗是一把万能的钥匙，她在我 x 轴 y 轴和 z 轴之外的遐思里纵横驰骋。

强烈刺激的反冲演变成诗的冲动，诗的冲动诱发反复的叩问和思辨，二者彼此剧烈地碰撞，迸发出火花，火花冷却了落在地上便是诗的轨迹。

2022.09.23 于华盛顿大学

目 录

序一　叩问和思辨的诗意　严　力　I
序二　"00后"的诗性预言　宋德利　II
有诗有感　诗，三维之外的折磨　雷海辰　IV

"00"后诗人　1
透示　3
弦论　5
凹凸的地图　7
我和桥和作业本　9
问老爸　12
十岁，十岁　14
留洋学徒本纪　16
涟漪　18
一道光　20
窗里，窗外　22
"皇家"校车　24
哭泣彩排　26
盲者之见　28
尘世的寂静山　30
海曾经的旋律　34
"十级"之夜　37

致命聊天(YouTube)　39

千年迁徙　45

灰之恢恢　48

嚼不烂的日子　50

缘　52

Freshman　54

Artificial Noah's Ark 诺亚方舟　56

Where Am I From 我从哪里来　60

The Tender Seller 嫩贩　63

Sigma Between White and Black 键盘上的西格玛　64

面包颂　66

散瞳　68

眼界　69

我赞美我　70

荣誉，剑的碎片　72

亲爱的神，您在哪儿？　74

眺望　76

附录　78

"00"后诗人

"00"不是一个边界
它是高速-99上
一个责无旁贷的
即是终点也是起点的里程碑

世纪经纬交错的深处
潜伏着诗永远跳动的脉搏
在风雨交加里不懈地传承
昨天的思索和
明日的叩问

【点评】

在或长或短的人生历程中,每一个人都有自己的"终点也是起点的里程碑",而这个里程碑就处在世纪"经纬交错的深处"。"昨天的思索和明日的叩问",多么严肃而重大的主题!恐怕"00后"的芸芸众生中,罕有涉猎,乃至思及者。然而我们的小诗人,开宗明义第一首,就表示要

"在风雨交加里不懈地传承/昨天的思索和/明日的叩问"。事实也真的如此,在随后的诗篇中,无处不在地闪烁着对"昨天的思索和/明日的叩问"的体现。窃以为,小诗人这开宗明义第一篇,正是他人生启程的亮点,确切地说,乃是他诗意人生历程的第一座诗的里程碑。祝愿我们的"00后"小诗人,在随后的人生历程中,用自己诗的思辨,用自己的生花妙笔,铸造和描绘出一座座巍峨壮丽的诗意丰碑!

透示

机器人吻我的瞬间,我
将变为机器人的机器!
程序感冒
我打喷嚏

从隐形机
到地遁人
把自己压缩成0维的压缩包冷冻
把钥匙交给克隆妈咪

骨骼肌肉血液与愤怒
用基因图谱编码炮制
在试管里孕育一张人类文明的三明治
粘贴到N个星系

爱情与战争
神话与笑话

在现世、来世与往事之间

重复压缩与缓释的切换

2020-12

【点评】

　　这首诗堪称一面透视镜、一个惊世预言！它清楚地透视出我这个耄耋老翁与风华正茂的翩翩少年之间的代沟！满篇的高科技元素，透视出我心中隐隐的一种"廉颇老矣，尚能饭否"的沧桑感！"00后"，后生可畏！追忆1940后当年中学生的我，也曾"风华正茂"，然而那时的我们，知识多么地贫乏！但我绝不羡慕嫉妒恨！在小诗人的感召下，我决不服老，立志奋起直追，即便追不上，也绝不停步！

弦 论

弦,非道路
它,永无终
Zeno of Elea[①]

弦,如心境
它,永无界
Demin de Laplace[②]

弦,非使命
它,永无论
Erwin Schrödinger's cat[③]

弦,如势气
它,永无阻
Maxwell's Demin[④]

---

① Zeno of Elea:芝诺的乌龟(永远追不上的距离)
② Demin de Laplace:拉普拉斯兽(可以推演万物)
③ Erwin Schrödinger's cat:薛定谔的猫(永远不死)
④ Maxwell's Demin:麦克斯韦妖(逆转时空)

【点评】

　　科普一下，弦理论（英语：String theory），又称弦论，是发展中理论物理学的一支，结合量子力学和广义相对论为万有理论。惯于舞文弄墨的我，堪称典型的"科技盲"。弦论竟为何物，我本一无所知，因而对这首诗，我本无发言权，故而无以置评。不过，读罢此诗，从那些不知所云的只言片语中，我却也有自己的一番感悟：在自己人生道路上，只要有"永无界"的心境，就能产生无所畏惧的气势，有了这种气势，为自己的使命而奋斗，就会无阻无拦。

　　我的这些感悟，也许，不，肯定是与"弦论"风马牛不相及，但即便如此，也不失为一种可喜的收获。而这，便是这首诗，若广而言之，也是所有诗歌所具有的一种特殊的魅力和神奇之所在。

凹凸的地图

远远眺望，只剩下霜打的眼神索然无味，
未来兼容着过去，困境叠加着陷阱。
独自一人加密在镜中，高楼万丈灯火通明，
唉，闭上眼抚摸那张神秘的凹凸不平的地图。

绑定所有的里程碑和上下左右的征程，
反复地犹豫之后，毫不犹豫地
梦想再复原那失传的传说和口香糖的初衷
在墙壁和碎片之间，试穿，试驾，试婚，
试……。

然而，然而
所有的触角都陷入搜索的困境，
骇客偷换了关键词，被乱码操控的导航
导引我陷进一个没有解码的冷冻箱。

唉，好吧，握紧我的手，像悬崖边猛踩刹车，
像地球上的经纬线永不分离。
我既未失控也未失速，只是在眩晕的隐喻里
有些许失重，走吧，凭着迷茫给我们带路。

曾经踏足无数也曾误入歧途，
终于来到这凹凸苍凉之中
把自己切换成自变量的脉冲
在过去和未来的穿插里挣扎赶路。

【点评】

"试穿，试驾，试婚，试……""所有的触角都陷入搜索的困境，……引我陷进一个没有解码的冷冻箱"。高科技，新生活，幸福感，本该成正比地增长。然而高科技也有负面影响，因而令世人感到困惑与烦恼。我们的小诗人对所有这些负面影响了如指掌，如数家珍，令人心情沉重。然而又令人倍感欣慰的是，我们的小诗人"既未失控也未失速，……在过去和未来的穿插里/挣扎赶路。""挣扎"着奋进，更是诗人独到的一种坚强。"只是在眩晕的隐喻里"用修辞格作指代，诗感非常新颖，令人想象更难，更深。

我和桥和作业本

我,自己给自己装上遥控跨过各种各样的桥,
追逐激流里一层层扑朔迷离的并不存在的
我自己孑然一身的倒影,
征服无数翩翩陡峭的向我示威的山巅
和故作多情的失恋的穹隆。

其实,世上本来就没有被我们无情践踏的桥
无数个作业本铺平天堑,
世上才会架起真正的供我们践踏
并在我们的践踏里挺胸昂首的桥。

我曾经是月亮背面的想象,
我曾经是太阳黑洞里的一缕光芒。
我们属于铁面无私的AA制,
随着公转和自转按揭付款
却收不到退税和薯条。

有时我飞一个吻,

装作钟情吊桥吊缆的各种苗条的斜拉,

而有时却偏偏与颠簸勾肩搭背目送秋波。

每得一个 A+,我都扔掉一个作业本;

每得一个 F,我都有一首诗泄漏挥洒。

我曾背负快马加鞭的惬意(AP=5;SAT>1800)

也曾像遥控失灵的 Ultraman 一样步态蹒跚,

一个身体蕴藏着两个相互撕逼的幻想,

除了望洋兴叹的华丽,

便只剩下四面八方的倜傥。

【点评】

  我们的诗人说:"世上本来就没有被我们无情践踏的桥/无数个作业本铺平天堑/世上才会架起真正的供我们践踏/并在我们的践踏里一个一个垮掉的桥。"鲁迅说:"世上本没有路,走的人多了,便成了路。"二者有异曲同工之妙,海辰的诗用"作业本""被践踏""被垮掉"另添新意。"我曾经是月亮背面的想象/我曾经是太阳黑洞里的一缕光芒",想象的触角大有"00后"的味道,想象的宏大里还穿插着巨大的反差,耐人寻味。"我们属于铁面无私的

AA制/随着公转和自转按揭付款却收不到退税和薯条。"严酷的社会现实。

"每得一个 A+，我都扔掉一个作业本/每得一个 F/我都有一首诗泄漏挥洒"。每一个 A+（优秀）都是一次成功，而每一次成功，都应归功于一个，或多个作业本，这是美好的。但每一个 F（不及格，失败），也并非一无是处，这不是？我们的诗人，面对 F，他却"都有一首诗泄漏挥洒"，多么乐观潇洒！其实正如人们常说的"失败是成功之母"。现在我们的小诗人虽然得了 F，但他却有诗可以泄漏和挥洒。充满了海量的包容，令人鼓舞。但诗人说："一个身体蕴藏着两个相互撕逼的幻想/除了望洋兴叹的华丽，便只剩下四面八方的倜傥。"好一个"四面八方的倜傥"修辞之新，之美，令人叫绝！

问老爸

"为什么您来得那么早?

又让我来得那么晚?

"咱们

相隔了

半个世纪半!

"干嘛您不让我跟你

一起来?分享一点

你一路的苍茫和灵感?"

2020-12

※ 发表于《一行》诗刊 2021 年 12 月第 2 期

【点评】

"半个世纪半"是多少?这显然是诗人预设的一道狙击,让读者合卷诘思,呃,50 年? 55 年?还是?"那么早"

"那么晚"半个多世纪的代沟。儿子的发问,天真里透着深邃。由于代沟效应,有不少儿女因为生活在"膏润优渥,国岁年丰"的幸福时代,浑然不知父辈的"苍茫和灵感"为何物。更有甚者,对父辈的"苍茫和灵感"并不稀罕,乃至颇为反感。然而我们这位少年诗人,却"责备"父辈让他来得太晚,表达与父辈分享"苍茫和灵感"的心愿,着实难能可贵!

十岁,十岁

老爸老说,三天两头,不厌其烦地说
他十岁
一夜摸黑走了四十里,走到连镇

坐拉骡子拉马的"闷罐车"①去山东峄山
为全家讨饭

我十岁,乘737,飞到大不列颠,来看
伦敦的大英博物馆历史

诺大、恁深的大英历史博物馆
我里里外外找遍
却找不到
老爸讨过饭的峄山!

十岁,已经是一个
有记忆的年龄,记忆
不需要博物馆。

①拉牛马牲畜用的火车,因为没有窗户(更没有厕所,餐厅)故称"闷罐车"。

【点评】

"老爸"在十岁那年,遭遇过"00后"绝难想象和理解的磨难。磨难,是苦,也是福。经历这种磨难的历练,人生会闪烁出异样的光彩,因此老爸也是人生中一份颇为特殊的天赐礼物。你说"十岁,已经是一个/有记忆的年龄,记忆/不需要博物馆"。是的,记忆不需要的只是一种作为建筑物的博物馆,记忆也需要安放之处,而这个安放之处就是我们的心。诗人的诗心,就是安放记忆的历史博物馆。

留洋学徒本纪

跨过太平洋,离井背乡
腾云驾雾地就到了温哥华
没带理想,也没带啥子梦想

八年级,学点 Cooking
趁热打包三明治,回家给妈妈尝一尝
妈妈那脸,里里外外,甜里透香

九年级,学学 Wooding,做起小木匠
听说,那是我爷爷的老手艺
折叠马扎给老爸,出差正好派用场

十年级,学 Metal
操着数控机床,呲呲啦啦小炉匠
打杆猎枪,咱也北极圈里打白羊

※ 发表于《一行》诗刊 2022 年 6 月第 2 期

【点评】

  不远万里来加拿大留学,学的竟是"爷爷的老手艺"!是可笑还是可叹?还是别藏深意?给学徒戴上"本纪"的大帽子,竟是另有一番滋味!我们的小诗人说不定哪天学有所成,也到"史记"里"本纪"一把!

涟漪

它,被飘渺上传到山巅
被广寒宫①冷藏液化之后
泄下漫天的水帘

顷刻,天地之间
披上倒立的涟漪姗姗

涟漪垂衔着涟漪,相扯为伴
渗透进人间的心房
核查因果模糊的推演

涟漪变成簌簌的两行泪
源程序都
浇不透的
离合
与
悲欢

①神话传说中月神嫦娥居住的地方称为广寒宫。

【点评】

"00"后的新语素"上传""冷藏""源程序",令人耳目一新。老一代的想象手段被彻底颠覆。

一道光

阳光这般素,月光那般淡,落基山
巍巍山巅上一枚洁身自好的萤火虫。
夜得深,暗得黑,嘶得鸣,然而
打开黑暗的竟是那心不在焉的一缕荧光。

母亲的纺车千年千年地纺,
父亲的躬耕岁岁月月地循环;
像母亲织布机上的穿梭,像父亲田间的
荷锄挥斩,仿佛拧着日夜加快那道光的穿行。

长江,黄了,黄河,也黄了,
背把长城压弯了!孟姜女
抱着琵琶,摘下口罩,用无名指掐捏着
贝多芬的英雄月光奏鸣曲!

那曲子闪着晶晶的光,在萤火虫的瞌睡里,
从琴稍上开始和夜

一滴一滴地

点击,分享。

【点评】

  丰富多彩,绚丽多姿!有动,有静;有自然,有人物;有现实,有历史;有实际,有传说;有传统,有创意;有虫鸣,有乐声;有叙述,有画面;有河流,有异域;有父母的辛劳,有晚辈的赞扬;上天入地,时空跨越。诗里诗外,诸多元素,都让读者"一滴一滴,点击,分享"。"夜得深,暗得黑,嘶得鸣",这种"得"字格新用,可以说是修辞的一种突破,任何一个诗人读到这儿,都会驻足不前,掩卷而思,用力想象一番,如何"夜得深"?何以"嘶得鸣"?这需要另一种想象力。

窗里,窗外

合上作业本,注视着窗外,有时,
月亮猫着腰升起来了,有时,
太阳低着头落下去了,有时,一声呼啸的鸣笛
却什么也没有发生。

下意识凝视着窗外,沉浸在远方,发呆……
屏幕已经睡眠,忽然,
窗外,伴着空袭的呼号,闯进来一阵旋风,
我被旋得不轻…作业本和鼠标都丢在地上…

等我从恒温恒湿里一觉醒来,
我发现自己被甩到了窗外,成了
窗外那摧枯拉朽,呼啸而过的警笛
怀里抱着MeatlessMeat的广告牌

上意识在下意识里,蓦然回首,窗里面,

另一个眼神,也在悄然凝视着

窗外我发呆的方向……

※ 发表于《一行》诗刊 2021 年 12 月第 2 期

【点评】

窗里温馨宁静,窗外摧枯拉朽,上意识与下意识纠缠,在这其中,究竟发生了什么?反差如此之大,令人遐思万端,虽然猜不出状况,得不出结论,但却总在牵动着我的心,因为越是猜不出状况,得不出结论,才具有隽永的感染力,而这,也正是诗歌的魅力。

"皇家"校车

校车是黄色的,
黄色的校车,神圣不可冒犯,
那是个令所有人敬畏的
尊严!

不管它的"STOP"在哪里默默地闪示,
此处交通立马暂停,
无车敢超她"陛下"而过!
"文官下轿,武官下马!"

为什么校车是黄色?
因为它被尊为
皇(黄)袍加身的
国王!

2018-08 at Vancouver

【点评】

"黄色的校车/神圣不可冒犯",其实不是"黄色"神圣不可冒犯,而是"校车"神圣不可冒犯。"校车"是一代新人和知识的载体和象征,她便神圣不可"僭越!",这充分说明在一个国家,一个社会里,教育事业的"神圣"。

哭泣彩排

哭泣,请再尝试!
每尝试一次,希望就折旧一次。
不要像泪水一样向下流淌,
仰起你的额头,希望就在45度的仰角。

哭泣,请再尝试,
失败从来不是尝试的永恒的专利。
每一刻的放弃,
都会失去你驾驭腾飞的思绪。

哭泣,请再尝试,
记着,泪水也会把忧郁洗涤,
只要你还清晰记得,
老师给你打岔的那些批语。

哭泣,请再尝试,
有一天你会高高兴兴地离去。

请保持冷静还有兴奋,
直到风雨兼程中激动得哭泣。

哭泣,请再尝试!
这只是一个免费的彩排。

求你了,求你了,我的 Peer,
请打个包封存你的忧郁。

【点评】

　　激动兴奋,哭泣忧郁;失败成功,放弃坚持,诸如此般的情绪与行为,都是人之常情常事,所有这些元素,构成一个人成长过程。阳光的诗人,总是在告诫我们:哭泣尝试、再哭泣再尝试。他把哭泣放在尝试之前,直到全诗结束,都是哭泣在前,尝试在后,结点落在"尝试"上,充分体现了诗人的阳刚与毅力。如果反之,哭泣和尝试的顺序颠倒,就成了尝试哭泣,再尝试再哭泣,结点落在"哭泣"上,就会显示一个人的脆弱无力,最终必将以失败告终。

盲者之见

任凭风起云涌

在他眼里

不显一丝波澜

尽管年迈力衰

他的魂魄

一如烽火

万里征程

在他脚下

碾落百年尘埃

纸醉金迷

在他心里

不如一次琴弦的颤动

睁眼闭眼的黑暗

都如万载寒冰

冷眉以对

诗眼里渗出的

丝丝光亮,都是他平生

追寻的阳光

或许

光明就是永远的黑暗

诗心才是那扇打开阳光的大门

【点评】

"他的魂魄/一如烽火/万里征程/在他脚下/碾落百年尘埃/纸醉金迷/在他心里/不如一次琴弦的颤动",铿锵有力,掷地有声!身残者尚且如此,何况我们这些肢体健全者!读来令人鼓舞。"光明就是永远的黑暗/诗心才是那扇打开阳光的大门",诗的魅力无穷,诗的力量巨大!让我们都来热爱诗歌,让我们都来珍惜诗歌,让我们都来创作诗歌。这让我想起自己的一首诗:"白是黑的希望,黑是白的归宿。白天在黑暗中诞生,白天也在黑暗中消失。黑夜也吞噬了光明,黑夜孕育了光明。"

尘世的寂静山

一块少不谙事的灰石,
刚来到尘世的寂静山前。
它是这么的平静,
却又有些跃跃欲试。

就像一块河边光滑的石卵,
从未体验过山的挤压;
就像一粒海边自由的沙粒,
从未体验过山的束缚。

就像一块市上招人爱的玉石,
从未感受过尘世的冷落。
更不会体验到任人踩踏的,
山石的无奈和落寞。

多么希望
他那独一无二的触角

不会被打入
这一成不变的山中。

可惜，
地球引力场，
已经将他拽到了这座寂静山中，
它可能会被压力碾的粉身碎骨。

因为，往往，山下的石头最无处遁身。
没人关心你是什么。重要的是，
你能不能承受住上面倾泻的压力，
并且尽可能突出表现你的毅力和意志？

上面的石头，不会变，因为
寂静的山，不会塌。
没有人知道山和石头的关系，
就像不知道战祸会何时降临。

没有人知道山是怎么活下来的，
就像不知道承受何时开始。

没人知道自己是不是带玉的石头,
就像我们不认为自己会在这寂静山中显灵。

因为融入了山,和横断山一起横
和昆仑山的辉煌肩并肩;
因为融入了山,

被大海领养为神秘的彼岸。

可惜,因为融入了这尘世的山,
我们只会寄存在它的寂静中
继续当一颗
勉强撑住山的山底寂静的顽卵。

【点评】

　　此诗一开头,就神奇地令我联想起《红楼梦》,联想起那块被女娲遗弃在大荒山,无稽崖,青埂峰下的补天未用之石。诗人是在写自己吗?无论他本人是否有这层意思,起码作为读者的我想到了,而这就是此诗的魅力所在,而这也就足够了。在我看来,诗的开篇之句"一块少不谙事的灰石"便是诗人的自况。假如真的如此,那么,岂止这位年轻的"00后"诗人如此,耄耋老者如我者,又何尝不是如此呢?我们呱呱坠地之际,都是这样的一块"没人知道自己是不是带玉的石头"。我们注定要在一生的成长过程中,凭借自己的坚强意志和艰苦奋斗,凭借自己的成功来向世人表明自己内涵的潜在价值。让我们都在有生之年,无论男女老少,只要生命没有完结,就要"继续当一颗勉强撑住山的山底寂静的顽卵",虽然勉强,但要坚持到底,也是难能可贵至极的。

海曾经的旋律

海曾经的旋律
被万物追捧
海曾经的旋律
承载着万物潮起潮落的规则

海从不炫耀自己的旋律,除了万顷碧波
海曾经的旋律,见证着
人类千年升幂排列的繁衍,孕育着
海底珊瑚鱼虾的悠然,倾诉着

月亮独自牵引地球潮汐的孑然
海的旋律,收获着各种不得拒绝的补贴
百年的捕杀倾泻感染,外加
舟船剑戟刀光剑影的嘈杂

她的粼粼波光闪烁着
史书镌刻的悲欢离合

她的潮起潮落,时刻向我们复述着
人类曾为海权撕裂她的酥胸

她曾经用那
衔天覆地的歌喉
为苍生万物
哼唱缥缈的律波

今非昔比
她如今只能用浑浊和嘶哑
嘶吼这百年来
她承受的五颜六色的浸染和尴尬

或许
她只想用寂静和碧波
来收复曾经宝石蓝般
闪光的洁身自好和自我

【点评】

  强烈的环保意识,点赞!"今非昔比/她如今只能用浑浊和嘶哑/嘶吼这百年来/她承受的五颜六色的浸染和尴尬",这是海洋在倾诉,她所承受的浸染和尴尬,正体现了全球严重的环保危机。小小年纪的"00后"中学生,本该无忧无虑地读书,但我们这位可爱的小诗人,却在好好读书的同时,已经开始忧虑人类面临环保危机的沉重课题,而且写诗铸文,大声疾呼。具有这份责任心,感人至深,可喜可敬!

"十级"之夜

那个日子,像绷断的琴弦一样轻松
当我弹奏完十级考试的最后一首
"消夏交响曲"

吃顿好饭洗个好澡,再
睡个好觉,老爸老妈
都欢喜得心跳

落地窗外的满天星斗,对面
楼的霓虹,还有泰丰公园
夏日的虫鸣,我都没看见也没听见

含着依然轻松跳动的
莫扎特的旋律
轻松入梦,十岁,十级……十……

一声震耳欲聋的爆炸

成片的爆炸

床和楼一起剧烈地震颤

懵懵懂懂地醒来

从28层的灰尘里逃下

紧紧拉着妈妈的手

瑟瑟地惊恐地成群地

赤裸着,颤抖着

挤在泰丰公园的人群里

看着蘑菇云把天空映的血红……

【点评】

　　十岁通过了钢琴十级考试,最后一首曲子是"消夏交响曲",多么美好的日子!然而,灾难降临了。天津滨海新区的那场大爆炸,亲身经历,别具震撼力。恰巧,我是天津人,此诗对我更具有天人的震撼力和亲和力。

致命聊天(YouTube)

1988年8月31日,08:30AM,周三
静风,万里无云

美国达美航空公司(Delta)
1141号航班(N473DA)
从达拉斯/沃斯堡机场飞盐湖城

空姐Kelly兴致勃勃,
拉着她优雅的空姐拉杆箱
金色的DELTA标志闪闪发光
她随同机组人员,从特别通道
鱼贯而入,登机,……翱翔

她有点抑制不住内心的激动
盐湖城回来,夏威夷蜜月就开始了

不过,下意识里

她却有一种莫名的担心

因为人们都在议论1713号班机的空难①

一切准备就绪,静候起飞

她禁不住进了驾驶舱

副机长也正在悠闲地等候起飞的指令

正好,借这个机会,跟副机长聊聊

副机长查理,兴致也不错

首先祝福她大婚幸福,然后

话题转向那场空难

查理大发感慨:

他们都应该提前给妻小留下遗嘱!

他们聊的很开心……

世界上所有的聊天都是惬意的

他们聊的也十分的开心,开心的聊天

开心地结束了,致命的时刻

在降临

起飞的命令下达了!

一边开心,一边惬意之余,
查理心不在焉地
旋转了"襟翼"15度仰角的旋钮
可是,兴致冲冲之际
却忘了打开
襟翼!

飞机开始滚动,5888英尺后
抬轮,这是飞机起飞的开始
18秒后,机长听到一声爆炸声,
瞬间,飞机失衡,失速,
机身颠来倒去,108名乘客
乱作一团

空姐Kelly,正
正襟危坐在空姐特定的座位上
遐想着夏威夷蜜月的婚房

喊声叫声哭声,剧烈的颠簸
顿时打断了她如意的梦乡

她下意识的伸手去摘舱壁上的话筒
话筒已经从舱壁脱落,
她的安全带
把她勒得紧紧的
她的头被剧烈地碰撞
撞击在舱壁上,她

只听到机长惊慌地广播
"请安静!""不要慌!"

又一声巨响,她的头
被猛烈地撞击,一阵剧痛
她,闭上了眼睛……

她看见,飞机又飞起来了
她的新郎官守护在她的身旁
手里抱着洁白的白玫瑰
他知道,那是她最喜欢的颜色

和味道,他们一起手挽手

走下舷梯,他们的父母,兄弟姐妹

同学朋友都来了,他们

都捧着白玫瑰,胸前

别着哭丧着脸的小红花

副机长查理也来了,他挥手致意,头破血流

面目全非,高声喊着……Kelly!聊天,

在驾驶舱聊天,是违反——纪律的,

违反……纪律的……

我……我们……

History online-course 马上开始了

July 11,2021

----

① 1987年11月15日,美国大陆航空1713号航班在丹佛起飞不久后坠毁在机场。

【点评】

用诗的语言讲述了一个因为聊天而致命的航班惨剧。诸多航空的专业术语是这首诗的表达所需要的,也是其特质所在,什么样的表达,就吸纳什么样的语汇和语境,这也是诗人的驾驭语言和诗艺的能力所在。

千年迁徙

万物混沌,无始无终。
反正分割,物质永存。

星辰闪耀,无人破晓。
时空迁移,人猿崛起。

文明之路,杳杳冥冥。
物质侵蚀,神魔降世。

九鼎创立,恶念皆平。
三皇五帝,天下朝祈。

夏商周礼,人心惶惶。
春秋战国,七雄争霸。

秦皇一统,以墙为防。
两汉夹新,黄巾又黄。

三国鼎立,分分合合。
两晋乱糜,五胡屠戮。

女帝登基,诗仙称娲。
赵宋南北,徽帝错位。

神洲归一,窦娥冤成。
大明万崇,朱重八降。

慈禧垂帘,闭关锁国。
北洋之巅,清白向隅。

遥望未来,迷雾重重。
呃味历史,因迁果徙。

【点评】

　　此诗别具洞天,令人惊喜!古色古香,别具风韵。与本集中其他所有诗篇相比,算是一篇另类杰作。论题材,这是历史,而且是去今悠久的中国历史,一般而言,这也是"00

后"不会感兴趣的课题。尤其难能可贵的是,身处异国他乡的小小少年,却依然不忘忧国。当然,此诗限于篇幅,所含人物和事件尚待充实。虽然如此,此诗在我看来,仍不失为一种情怀,一件珍品。由此联想起我自己。我读此诗,颇感亲切,因为我也非常喜欢"四字格",不仅翻译采用,写诗更是情有独钟。

灰之恢恢

灰
脑海深沉时的映现
灰,并非属于是或非

雷雨和闪电之间翻滚的云
海啸前海平面的静谧

灰
落魄时,它彰显平淡
放飞时,冷静的内涵

0和1,黑和白之间共享的袍带
没了灰就没了二进制也没了二维和三维

不允许强势的色素独大
更不会放纵变异的永垂

从不拒绝抗生,动态地中和

不断被黑暗的浸染

宇宙宇的本色

万紫千红的底蕴

灰之恢恢,有和无,光和黑之间

一道绚丽永恒的主宰!

【点评】

  语出惊人!灰色是"宇宙宇的本色/万紫千红的底蕴"。在别人看来灰不溜丢的色彩,在诗人眼里却是"一道绚丽永恒的主宰"。灰,这里不仅指颜色,而且还指哲学。就颜色而论,灰,介于黑白之间,黑白是两个极端,灰是二者的有机融合。你中加我,我中加你,是为灰。就哲学而论,颇有中庸之道的意味。做人做事看人看事,都不能非黑即白,非白即黑,总之不能走极端。此外,诗中不仅有画面感极强的"雷雨和闪电之间翻滚的云"和"海啸前海平面的静谧",而且还有精深的"二进制、二维三维和色素"等高科技元素。内容丰富多彩,寓意深刻,是一首多元素融合的好诗。

嚼不烂的日子

签证,就是个怪物
总让人丈二和尚——摸不着头脑
签证,人类折磨自己的法宝

默默咀嚼着,咀嚼着未来的扑捉

日子一天天的嚼着
祈祷,哩哩啦啦的祈祷
想着,这样打扰神
神,会不会怪我?

终于被托管给阿姨,
带我过边境,离开
没有签证的父母,只身前行

神差风驭?
跟八月的落叶一起

飘落到西雅图

上帝之光拂过天灵,飘洒恩泽
咀嚼,变得专心

自由的翱翔终于如愿,我端详着
大厅里那幅前人留下的油画
"桃李"满天下?还是
另有预兆?!

跨越太平洋
飞越千山万水,背井离乡……

而今,
咀嚼继续着,咀嚼着新的日子
日子,挂满灿烂的笑颜
日子,这嚼不烂的日子

> 2023年8月23日,
> 越过中加边境一周年。

缘

人海茫茫，寻寻，觅觅
那个你，如星光，闪闪，烁烁

缘，一头牵着寻，一头引着烁
终于交织，纽进爱的圈套

你的笑容，折射给我光和温暖，
在黑夜中，照亮我不再寻觅的眼睛

无需言语，闭目相拥
默契，卯榫结构

相视而笑，相拥流泪
岁月荏苒，笑和泪结伴而行

旅途中,相遇,
相知,携手前行,踩着缘

履缘
如履薄冰

Freshman

新生不叫 new student
叫 Freshman

对于校园，I am fresh
在我的眼里，UW is fresh

寝室，一个三明治
下扇是水泥地板，上扇是大字形的我
中间是气垫

灯光，映照樱花飞舞
课业，热闹喧嚣
PDF堆叠如山，
迎头，就是一大把茫然

结交，亦非轻而易举
通向成功的PW，深藏不露
我也把自己深藏不露

校园外时局变幻莫测

我用拉黑承受

泡泡球馆,遛遛湖畔……

女孩的公式,比男孩更难推演

UW,从外边看是一朵玫瑰

进去,才知道都是刺儿

熔炉和压力跟我一起喘着粗气

日以继夜,透支,凌晨一根香蕉

面对顶天立地的华盛顿,细嚼慢咽

支撑着欲望的交瘁

Artificial Noah's Ark 诺亚方舟

Artificial Noah's Ark
Myths in nature, secret
logic in soul, destructive
human's imagination, boundless
without sympathy toward nature.

No matter
how powerful cascades are,
the ebb and flow of waves
and tides
will not be influenced at all

Humans' horrible habits
and speculations
assault nature,
but never destroys it.

Once peace breaks,
artificial structures,
Noah's ark in humans' minds,

will just become transparent
in front of absolute power.

Until then, the demons of destruction,
embody darkness,
tsunamis, earthquakes, pandemics,
smash our future and lives.

People drowning in uncertainty,
reach for their scientific truths and proofs,
but just as their artificial Noah's ark,
hope has long since
drifted away.

自然的神话，神兮秘兮

灵魂的逻辑，拆兮解兮

人类的想象，无限

对自然却无情可施

纵使

落差万丈

潮涌潮落

依然滚滚向前

人之恶行

与疑忌

有损自然

却永难将其颠覆

一旦平和破碎

人类心中的炮制之物，诺亚方舟

在绝对的力量面前

将必被看穿

至此,毁灭的恶魔

嵌织着黑暗

海啸、地震、大流行病

粉碎我们的未来和生活

沉溺于多舛的世人

去追寻科学的真理和论据

然而,正如他们炮制的诺亚方舟

希望却早已荡然无存

Where Am I From 我从哪里来

I am from the place,
from tea and rice.
Black hair and eyes,
in that smog taste like death.

我从哪而来,
我来自那个地方,
茶与米饭。
黑发与黑瞳,
在那令人死亡的烟雾中。

I am from my home,
from goldfish and stone statues.
From desk with brush,
and desk with practice exams.

我来自我的家,
金鱼与石雕。

从放着毛笔的书桌上,
从铺满习题的课桌上。

I am from my culture,
Atheist and Buddhism.
Ancestral temple at home,
bowing to elders to show respect.

我来自我的文化,
无神论者和佛教。
祖庙矗立在在家,
向长辈鞠躬以示尊敬。

I am from a childhood,
from naive and peaceful moments.
Flying a kite every day,
that free time was without race.

我从小,
从天真和平静的时刻。
每天放风筝,
从前悠闲也没有竞争。

I am from that phase

pressure beating me like an ace.

From dull skyscrapers,

And shocked by historical truth and lies.

我来自那个片段

压力使我沦为败者。

置身于阴暗摩天大厦,

被历史真相与谎言所震慑。

I am from the past,

and repeat that in the future.

I know what I belong,

I know where I am from.

我来自过去,

在未来也将迭矩重规。

我知道我属于什么,

我知道我来自哪里。

The Tender Seller 嫩贩

I think I'm still tender to be a seller I
I found my friends are tender, too. I
I surprised not that my parents I

我 自忖做买卖还是很嫩，我
我 发现我朋友也很嫩，我
我 并不惊奇我父母，我

I am glad she is the tenderest I
我 很高兴我徒儿最嫩，我

I sell to the tenderest my playing l
I learned from that dear tender l
I am now qualified as tenderer I

我 传给我最嫩徒儿把我刚刚从 我
我 那个亲爱的嫩师学的琴艺，我
我 此刻，可算是嫩上加嫩！我

Sigma Between White and Black
键盘上的西格玛

Morning, when my eyes awake,
The first light pricked my inked sight.
On the keyboards,
Black and White, pure,
In order. Every cuboid
Are like stones,
that build up my vessels,
arrows that pull out my mind.

清晨，眼醒
第一缕光扎进了我漆黑的视野
琴键上
精纯的黑与白
排列有序，每个长方体
都是
筑起我血管的基石
勾出我心里利箭

Boarders become loosen
Mental and material,
Art fills out the air.
What we are looking for
Could be,
That keyboard on the piano.
Sigma of dark and light,
beside a wall.

逐渐模糊的边界
心灵与物质
艺术的气息
我们在追寻的
或许是
那个靠墙琴键
光与暗的西格玛

面包颂

祖父和父亲,
总是在那场痛苦的饥荒中,
想要个面包。

如今每天,每顿,
餐桌上总有一个篮子
盛着满满的面包。

面团里有漂亮的气泡
就像蚂蚁努力建造的巢。
弹性表面,
脆边,
雪白的颜色,
世界上最完美的球,
散发着酵母和小麦的味道。
母亲手中挥之不去的温暖
停留在面包上。

和韭菜一起，馅儿打旋着
穿过金色的面包。
或者试试咸牛肉面包。
在柔软的椒盐卷饼上。

柔软蓬松的小面包卷。
它们质地细腻，非常敏感。
巧克力肉桂
是一个有趣的口味组合。

不管其他菜有多好吃，
父亲总是先吃个面包。
现在，他过着最好的生活，
因为那个小面包。

散 瞳

总有一天,请勇往直前,

接近那一缕却无法抵达。意识到,

血液流动充满了欲望,

每晚都做着无穷的噩梦。失败之后,

我们最终仍会站起来凝视

那一刻,瞳孔散发,惊讶来临。

DNA 中的好奇决定着一切。

很长一段路通向未来的交汇点,如同磁铁。

眼 界

黄金

Au，2.54，197

星球爆炸的产物

$2033/ounce

科学家研究她

艺术家雕刻她

众生炒作她

一只猩猩

只会把它丢在垃圾堆里

因为它不能

靠着一块"石头"生活

这，就是

眼界

我赞美我

我所得到的一切都因我身边的灵魂，
我所做的一切都是我灵魂的骄傲。
我表扬了我自己，我的理念，
我的知识和能力。

就像太阳和其他星球一样，
就像白矮星和黑洞
我不需要寻求
别人的赞美。

我知道我做了什么，
以及他们如何帮助我。
谎言不一定伤人真相却是快刀，
解释总是无力的。

我质疑有抱有优越感的人，
但却害怕被人评判。

从来没有人会停滞不前。
我能看到视线所能触及的地方。

我看到了我自己,
我自己,还有我自己。
我只能是自己的领导者,
就在不远处的地方

荣誉,剑的碎片

Honor is a fragment from the sword,
Prove power all over world.
Nothing can be trusted,
Rather than strength inside mind.
荣誉是剑的碎片,
向全人类证明力量。
没有什么是可信赖的,
除了内心的力量。

Not everything is based on luck,
Honor is a fragment from the sword.
Please not measure value of death,
Just look up the boundless sky ahead.
成败并非都靠运气,
荣誉是剑的碎片。
请不要衡量死亡的价值,
一如仰望前方无边的天空。

Rules are made to be broken,

But belief is not.

Honor is a fragment from the sword,

Everyone can be the knight.

规则生来便是要被打破,

但信仰永远不会。

荣誉是剑的碎片

人人皆可为骑士。

Heads up, heads down,

Ancient and Modern, river flow down.

Everything will be taken away except,

Honor is a fragment from the sword.

仰视,俯视,

古今中外,河水奔流而下。

所有东西都会被带走,除了

荣誉这剑的碎片。

亲爱的神,您在哪儿?

亲爱的神,您在哪儿?
来跟我们团聚吧

神
我的亲爱的!

星期天一大早
在威灵顿教堂
信众的敬畏令人敬畏
让我不禁敬畏有加

我的大脑变成
一片空白
我所有的作业
一股脑儿忘记

神,您在哪儿?全能大帝的您

来给我帮个忙

把所有的语言

变成一个好学的东西

眺 望

远远眺望,
寂然不动。
未来过去,困境陷阱。
独自一人从镜中映照出,
灯火通明的大街两旁的万丈高楼。
唉,抚摸那张神秘的地图。

我经历的里程碑,
我曾一度犹豫,

想挖出那宝藏
在墙壁和碎片之间,唉。

然而,
四处观察,困境,
在未来与过去。
我掉进了一个深渊,唉。

唉,好吧,
我并未失控。

我踏足无数也曾误入歧途
在未来和过去之间挣扎。

附 录

加拿大丘吉尔高中毕业照

获加拿大皇家钢琴业余演奏十级后,
参加温哥华"嘉橙"音乐会(2019年)

正在踏入诗的门槛……

(2022 立春)

在加拿大丘吉尔高中毕业典礼上与校长合影

（2022年6月）

助选西雅图议员竞选演讲

参加国际领袖基金会西雅图分会活动

（2023年4月26日）

与华大学友一起参加国际领袖基金会活动

(2023年8月)

到阿拉法中学拜访8年级英语老师Ms.V,

(2023年8月23日)

在国际领袖基金会与华盛顿大学校友联谊会

(2023年11月23日)

www.ingramcontent.com/pod-product-compliance
Lightning Source LLC
Chambersburg PA
CBHW060536080526
44586CB00012B/763